Der Harzer Hexen- Stieg

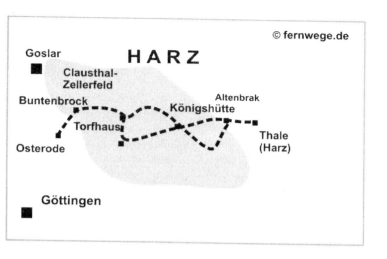

D1731689

ISBN 978-3937304-57-1
© 2008 fernwege.de
3. Auflage

Untere Kirchgasse 2 · 55595 Roxheim · Germany
Printed in Germany

Der Harzer Hexen- Stieg

Dieser Wanderweg führt Sie durch den Naturpark des Harzes und ist landschaftlich, wie auch kulturell außerordentlich vielfältig. Auf jeder Etappe bieten sich neue Aussichten und auf seinem Weg befinden sich reichlich Zeugnisse einer langen Bergbaugeschichte. Erleben Sie auf jeder Etappe einen neuen kulturgeschichtlichen und landschaftlichen Schwerpunkt.

Zu Beginn führen Sie alte Handelswege von Osterrode hinauf in Richtung der Hochebene von Clausthal-Zellerfeld. Der folgende Abschnitt führt Sie auf schmalen Pfaden an den Teichen, Gräben und Stollen des Oberharzer Wasserregals vorbei. Hierbei handelt es sich um ein ausgeklügeltes, denkmalgeschütztes Bewässerungssystem aus dem 16. – 19. Jahrhundert.
In Torfhaus haben Sie die Wahl: gehen Sie entweder durch das Goethemoor hinauf auf den Brocken. Wenn sie sich aber für historische Anlagen des Bergbaus begeistern, blühende Bergwiesen und nahezu unberührte Bachtäler lieben, dann ist die Route der südlichen Brockenumgehung als Alternative für Sie interessant. Sie ist länger als der Weg über den Brocken, Sie haben jedoch erheblich weniger Höhenunterschiede zu bewältigen.

Beide Wege vereinen sich in Königshütte ... und sie haben nun direkt wieder die Wahl: wenn Sie weiter der Geschichte des Bergbaus nachspüren und die Tropfsteinhöhle in Rübeland besuchen möchten, wählen Sie ihren Weg über Rübeland. Oder Sie gehen an der Rappbodetalsperre vorbei und wandern über den Köhlerpfad und erhalten reiche Eindrücke zu diesem alten Handwerk.

Das Felsental der Bode mit seinen hoch aufragenden Granitfelsen beschließt Ihre Wanderung durch den Harz.

Karten und Wanderführer.

Dieses Übernachtungsverzeichnis versteht sich als Ergänzung zu den folgenden Publikationen und Karten (alle Materialien können direkt bei **www.fernwege.de** bezogen werden):

Wanderführer: Der Harzer Hexen-Stieg – KartoGuide
Der offizielle Führer mit Karte zum Wanderweg durch den Harz, 1. Auflage 2004, Format 110 x 200 mm, ISBN 3-936185-33-6

Wanderkarte: Harzer- Hexen- Stieg
Offizielle Karte zum thematischen Wanderweg durch den Harz, 2. überarbeitete Auflage 2004, Format 110 x 210 mm; 990 x 630 mm ISBN 3-936185-32-8

Von Osterode nach Buntenbock

Sie beginnen Ihre Wanderung auf dem Hexenstieg auf dem Hundscher Weg, einem uralten Pfad, der bereits im Mittelalter zum Transport von Erzen genutzt wurde. Dieser Pfad führt über eine erste Bergkuppe und den Eselsplatz in Richtung auf die Clausthaler Hochebene.

Auf einem Höhenweg passieren Sie den reizvollen Ort Lerbach auf dem Weg zum Marienblick. Dort öffnet sich ein schöner Blick in das Lerbachtal hinein.

Sie wandern durch Buchen- und Fichtenwälder und gelangen nach Buntenbock. Im Sommer bieten zahlreiche Teiche, die rund um diesen kleinen Ort liegen, Bademöglichkeiten.

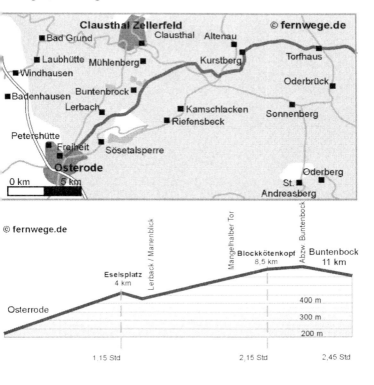

Von Buntenbock nach Torfhaus

Die heutige Etappe erschließt Ihnen das Oberharzer Wasserregal. Dieses weltweit einmalige System aus Teichen, Gräben und Stollen entstand in der Zeit zwischen 1530 und 1866. Es wurde zur Unterstützung des Bergbaus im Harz angelegt. Der Harzer Hexenstieg führt zu einem großen Teil dieser Etappe am Dammsystem des Wasserregals vorbei.

So wird die zweite Etappe des Harzer Hexen- Stieges kulturhistorisch wie landschaftlich außerordentlich interessant. Sie beginnt an den zahlreichenreichen Teichen des Wasserregals und verläuft vorbei an den Quellen von Gebirgsbächen und über teilweise schmale Pfade zum Polsterberg.

Hier betreten Sie den Nationalpark Harz. Auf die trittsicheren Wanderer wartet noch die „steile Wand": ein Weg durch felsiges Gelände.

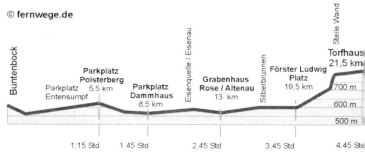

Von Torfhaus nach Königshütte

Die Brockenvariante über den Goetheweg

Auf dieser Etappe erleben Sie die ursprünglichsten Landschaften im Oberharz. von Torfhaus laufen Sie zunächst weiter durch den National-park Harz, später durch den Park des Hochharzes.
Auf den bisherigen Etappen führte der Stieg meistens durch Fichtenwald. Ab einer Höhe von 900 Metern ändert sich die Vegetation. Das raue Klima des Brockens eignet sich eher für Moore. Über Stege laufen sie durch das Goethemoor auf den Gipfel des Brockens.
Auf dem Gipfel haben Sie bei schönen Wetter einen wunderbar weiten Ausblick auf den Harz Über die Brockenchaussee verlassen Sie den Gipfel und laufen durch die subalpine Heidelandschaft hinunter nach Königs-hütte.

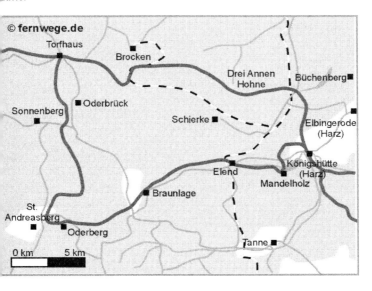

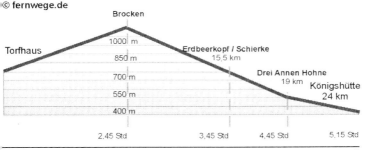

Die südliche Brockenumgehung

VonTorfhaus über St. Andreasberg nach Königshütte

Wenn Sie sich für alte Anlagen des Bergbaus begeistern, blühende Bergwiesen und nahezu unberührte Bachtäler lieben, dann ist diese Route als
Alternative für Sie interessant. Sie ist erheblich länger als der Weg über
den Brocken, jedoch haben Sie deutlich weniger Höhenunterschiede zu
bewältigen.
Von Torfhaus laufen Sie durch lichten Hochwald, der immer wieder mit
moorigen Inseln durchsetzt ist über den Märchenweg zum Oderteich.
Dort wartet eine urige Staumauer aus riesigen Granitblöcken auf Sie. Der
Hexenstieg führt Sie auf die Jordanhöhe in ein Gebiet, in dem sich viele
alte Weideflächen mit einer besonderen Blumenflora befinden.
Hinter St. Andreasberg wandern Sie durch das weitgehend unberührte
Odertal. In Königshütte vereinen sich die beiden Varianten des Hexen-
Stieges wieder.

© fernwege.de

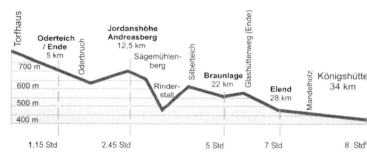

Von Königshütte nach Altenbrak

Variante: Königshütte – Rübeland - Altenbrak

Auf diesem Abschnitt finden Sie eine Reihe von geologischen und berg-
bauhistorischen Höhepunkten Ihrer Wanderung. Ihr Tag beginnt mit einem wunderbaren Ausblick auf der Königsburg. Ihr Blick geht auf die
Harzberge und im Hintergrund auf das Brockenmassiv.
Dann folgt der Hexen-Stieg dem Verlauf der Bode. Dieser Fluss sucht
sich seinen Weg durch tiefe, schattige Täler. Durch das romantische Tie-
fenbachtal treffen Sie auf einen Naturlehrpfad, der Sie zum hohen Kleef
führt. Von hier haben Sie einen weiten Blick auf Rübeland und den Brocken.
In unmittelbarer Nähe des Stieges liegen die Rübelander Tropfsteinhöh-
len, die auf jeden Fall einen Abstecher Wert sind.

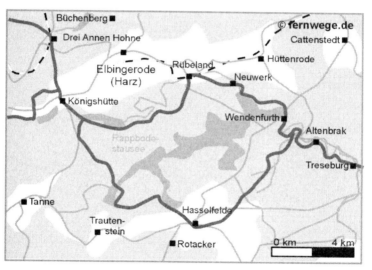

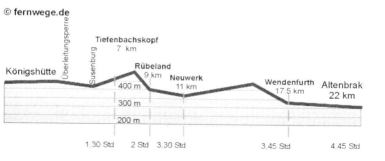

Variante: Königshütte – Hasselfelde – Altenbrak

Nach Ihrem Aufstieg auf die Königsburg führt Ihre Wanderung Sie aus
dem Tal der Bode zur Rappbodetalsperre. Weiter geht es durch das Natur-
schutzgebiet „Sautälchen" am Ende der nachfolgenden Hasselvorsperre.
Über die Hochfläche des Mittelharzes gelangen Sie nach Hasselfelde. Entlang des neu angelegten Köhlerpfades bieten ein Museum und rauchende
Köhlermeiler einen Einblick in dieses alte Handwerk.
Anschließend verläuft der Hexen-Stieg durch naturnahe Laubwälder auf
einem romantischen Pfad zur Schöneburg. Von hier beschließt ein weiter
Blick auf Altenbrak und das Bodetal Ihren Wandertag.

© fernwege.de

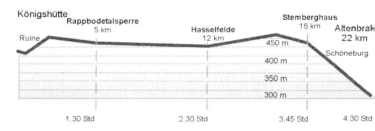

Von Altenbrak nach Thale

Der Harzer Hexen-Stieg endet mit einer geruhsamen Etappe durch das sanft abfallende Bodetal. Ein besonderer Höhepunkt sind dabei die Granitfelsen zwischen Tresenburg und Thale. Das Wasser der Bode hat eine tiefe Kerbe in den Granit gewaschen. Der Hexen-Stieg erschließt Ihnen dieses bedeutende Felsental mit seinen hoch aufragenden Granitfelsen.

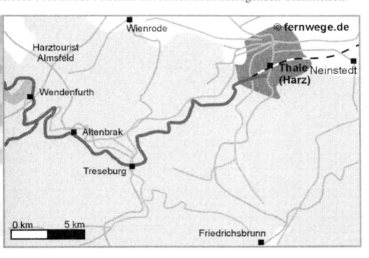

© fernwege.de

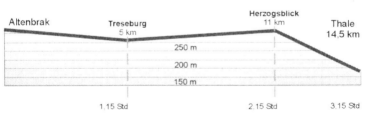

Adressanhang

Alle Adressen und weiteren Angaben werden sorgfältig recherchiert.
Es kann zu Änderungen kommen und vor Irrtümern ist niemand sicher.
Von daher erfolgen alle Angaben ohne Gewähr.

Die hier aufgelisteten Übernachtungsmöglichkeiten verstehen sich nicht
als Empfehlung, sondern enthalten möglichst alle Betriebe entlang der
Wegstrecke.

Abkürzungen:

C	Campingplatz	GZ	Gästezimmer	JH	Jugendherberge
P	Pension	H	Hotel	WH	Wanderheim
PR	Privat				

Abkürzungen für Zusatzinfos

0.2 km/am Weg	Entfernung zum Weg. Angegeben ist die kürzeste Entfernung (Luftlinie) zum Weg. Der tatsächliche Abstand über Wege/Strassen kann erheblich größer sein.
1 Nacht	Übernachtung für eine Nacht möglich
V:Rest	Restaurant im Haus
V:max1Km	Restaurant in max. 1 Km Entfernung
V:wAbend	warmes Abendessen möglich
V:Köchg	Kochgelegenheit im Haus
-Mo	Montags Ruhetag (andere Wochentage entsprechend)
CC	Zahlung mit Kredikarte möglich
EC	Zahlung mit EC- Karte möglich
EN/FR/...	Sprachen (ausser Landessprache): DE/EN/FR/NL/IT/ES
geschlossen	Sofern nicht ganzjährig geöffnet
7.00	frühes Frühstück ab 7.00 Uhr möglich
Vg	Vegetarische Küche
Zert.:	Zertifizierungen
Mitglied:	Mitglied bei
Geo:	Geokoordinaten
Lunch/Thermo	Lunchpaket und/oder Befüllen von Thermoskannen
Trans	Hol- und Bringdienst zum Weg
Gepäck	Gepäcktransport zur nächsten Etappe
Res	Reservierung einer Unterkunft für die nächste Etappe möglich
lokal	Informationen zu lokalen Wanderwegen vorhanden Tourenbeschreibungen, Kartenmaterial)
T-Raum	Separater Trockenraum für Kleidung und Schuhe
W-Kleid	Waschgelegenheit für Kleidung
Hunde ok	Hunde erlaubt
Touren	Mind. 1x wöchentlich: organisierte Touren von ausgebildeten Berg- oder Wanderführern (selbst durchgeführt oder vermittelt)
Verleih	Ausrüstungsverleih (z.B. Rucksäcke, Wanderstöcke, Trinkflaschen)
Fahrp.	Fahrpläne von regionalen öffentlichen Verkehrsmitteln vorhanden
Wetter	Tagesaktuelle Wetterinformationen

Osterode am Harz

Campingplatz Eulenburg, Scheerenberger Str. 100, 37520 Osterode
am Harz, fon: 05522 / 66 11, fax: 05522 / 46 54, mobile: 0170-2426210,
email: ferien@eulenburg-camping.de, www.eulenburg-camping.de,
Plätze: 240, p.P.: 4,1 €, 0.9 km, 1 Nacht, Verpfl.:Rest, Hunde ok, EN/, 7.00,
Mitglied.:Deutscher Campingclub (DCC), Geo.:N: 51° 43,63´ E: 10° 17,03´,
W-Kleid, Schlafen im Heu 5 € p.P.

Camping am Sösestausee, Sösetalsperre, 37520 Osterode am Harz,
fon: 05522 / 3319, fax: 05522 / 72378, email: harzcamp@t-online.de,
www.harzcamp.de, Plätze: 60, p.P.: 7,5 €, 1.8 km, W-Kleid

Z Gasthaus Tiroler Stuben, Scheerenberger Str. 45, 37520 Osterode am Harz,
fon: 05522 / 20 22, fax: 05522 / 31 02 41, email: pensiontirol@gmx.de,
www.tirolerstuben.de, Betten: 21, EZ: ab 28 €, DZ: ab 23 €, 0.2 km, Verpfl.:
Rest

H Hotel Zum Röddenberg, Steiler Ackerweg 6, 37520 Osterode am Harz,
fon: 05522 / 90 540, fax: 05522 / 90 54 54,
email: info@hotel-roeddenberg.com, www.hotel-roeddenberg.com,
Betten: 50, EZ: ab 40 €, DZ: ab 68 €, 1.6 km, 1 Nacht, Verpfl.:Rest, Hunde
ok, CC, EC, DE/EN/FR/, 7.00, Veg., Zert.:*** S, Lunch/Thermo, Gepäck,
Lokal, T-Raum, Fahrp., Wetter

H Hotel Zum Grünen Jägeram, Obere Neustadt 11, 37520 Osterode am
Harz, fon: 05522 / 90 290, fax: 05522 / 33 68, mobile: 0171-2058075,
email: reservierung@hotel-gruener-jaeger.de,
www.hotel-gruener-jaeger.de, Betten: 23, EZ: ab 28 €, DZ: ab 51 €, 0.9 km,
Verpfl.:Rest

H Hotel Börgener, Hoelemannpromenade 10 A, 37520 Osterode am Harz,
fon: 05522 / 90 990, fax: 05522 / 33 45, email: hotel-boergener@t-online.de,
www.hotel-boergener.de, Betten: 33, EZ: ab 46,5 €, DZ: ab 63,5 €, 0.3 km,
Hunde ok

H Hotel Harzer Hof, Bahnhofstr. 26, 37520 Osterode am Harz,
fon: 05522 / 50 55 00, fax: 05522 / 50 55 50,
email: info@hotel-harzer-hof.de, www.hotel-harzer-hof.de, Betten: 54,
EZ: ab 44 €, DZ: ab 68 €, 1.6 km, Verpfl.:Rest

H Jugendgästehaus Osterode, Scheerenberger Str. 34, 37520 Osterode am
Harz, fon: 05522 / 55 95, fax: 05522 / 68 69, email: jgh.oha@t-online.de,
www.jugendgaestehaus.osterode.de, Betten: 129, DZ: ab 10,00 €, 0.1 km,
1 Nacht, Verpfl.:, EN/, 7.00, Veg., Lunch/Thermo, Gepäck, Res, Lokal,
T-Raum, W-Kleid, Fahrp., Wetter, Von der Übernachtung bis zur
Vollpension ist alles möglich!

Gästhaus Gisela, Hohe Str. 37, 37520 Osterode am Harz, fon: 05522 / 64 07,
Betten: 5, EZ: ab 20 €, DZ: ab 20 €, 1.5 km

Osterode am Harz   *Ortsteil:* **Freiheit**

Z B&B Annedore Müller, Baumhofstr. 91, 37520 Osterode am Harz,
fon: 05522 / 50 63 80, fax: 05522 / 50 63 84, email: info@harz-sued.de,
www.harz-sued.de, Betten: 2, DZ: ab 36 €, 0.6 km, 1 Nacht, Hunde ok, DE/,
7.00, Lunch/Thermo, Transit, Gepäck, T-Raum, Fahrp., Wetter

Z Gasthof Zur Alten Harzstraße, Hengstrücken 148, 37520 Osterode am Harz,
fon: 05522 / 29 15, fax: 05522 / 76 350, email: mail@zur-alten-harzstrasse.de,
www.zur-alten-harzstrasse.de, Betten: 7, p.P.: 33 €, 0.8 km, Verpfl.:Rest

Z Haus Stankiewitz, Hengstrücken 84, 37520 Osterode am Harz,
fon: 05522 / 43 40, Betten: 7, DZ: ab 20 €, 0.7 km

P   Pension Coesfeld, Hengstrücken 111, 37520 Osterode am Harz,
     fon: 05522 / 71 222, fax: 05522 / 51 93, email: giesela.coesfeld@t-online.de,
     www.pensioncoesfeld.de, Betten: 11, EZ: ab 20 €, DZ: ab 26 €, 0.8 km,
     1 Nacht, Verpfl.:

PR   Gästehaus Neumann, Hengstrücken 88, 37520 Osterode am Harz,
     fon: 05522 / 36 93, fax: 05522 / 36 93, Betten: 6, DZ: ab 16 €, 0.7 km

Osterode am Harz   *Ortsteil:* **Lasfelde**

H   Gasthaus Dernedde, Lasfelder Str. 93, 37520 Osterode am Harz,
     fon: 05522 / 99 03 10, fax: 05522 / 99 03 12, mobile: 0160 - 949 169 67,
     email: dernedde.gasthaus@t-online.de, www.gasthaus-dernedde.de,
     Betten: 26, EZ: ab 26 €, DZ: ab 46 €, 4.1 km, 1 Nacht, Verpfl.:, -Mi, Hunde
     ok, CC, EC, DE/EN/, 7.00, Lunch/Thermo, Transit, Gepäck, Res, T-Raum,
     Fahrp., Wetter

Osterode am Harz   *Ortsteil:* **Lerbach**

C   Campingplatz Waldschwimmbad, An der Mühlwiese 6, 37520 Osterode am
     Harz, fon: 05522 / 74 158, fax: 05522 / 50 6028,
     email: camping-waldschwimmbad@lerbach.de,
     www.lerbach.de/camping-waldschwimmbad, Plätze: 90, p.P.: 3,6 €, 0.4 km,
     Verpfl.:Rest

GZ   Gästehaus Liane, Am Schwarzenberg 12, 37520 Osterode am Harz,
     fon: 05522 / 71 049, fax: 05522 / 99 96 28,
     email: lianebruemmer@t-online.de, www.gaestehaus-liane.de, Betten: 4,
     DZ: ab 20,6 €, 0.1 km, Hunde ok

H   Hotel Sauerbrey, Friedrich-Ebert-Str. 129, 37520 Osterode am Harz,
     fon: 05522 / 50 930, fax: 05522 / 50 93 50, email: info@hotel-sauerbrey.de,
     www.hotel-sauerbrey.de, Betten: 54, EZ: ab 69 €, DZ: ab 95 €, 0.5 km,
     Verpfl.:Rest

Osterode am Harz   *Ortsteil:* **Kamschlaken**

P   Landhaus Bündge, Lange Wiese 22, 37520 Osterode am Harz,
     fon: 05522 / 41 20, fax: 05522 / 41 20,
     email: webmaster@harz-ferienhaus.de, www.gaestehaus-buendge.de.vu,
     Betten: 8, DZ: ab 52 €, 2.9 km

Clausthal-Zellerfeld   *Ortsteil:* **Buntenbock**

H   Hotel Tannenhof, An der Ziegelhütte 2, 38678 Clausthal-Zellerfeld,
     fon: 05323 / 93820, fax: 05323 / 93820, email: dieter.weyland@addcom.de,
     www.endter-ferienwohnung.de, Betten: 18, EZ: ab 28,5 €, DZ: ab 43 €,
     1.2 km, Verpfl.:

H   Landhaus Kemper, An der Trift 19, 38678 Clausthal-Zellerfeld,
     fon: 05323 / 1774, fax: 05323 / 4529, email: kontakt@landhaus-kemper.de,
     www.landhaus-kemper.harz.de, Betten: 29, EZ: ab 50 €, DZ: ab 50 €, Am
     Weg, 1 Nacht, Verpfl.:Rest

H   Waldhotel Pixhaier Mühle, An der Pixhaier Mühle 1, 38678 Clausthal-
     Zellerfeld, fon: 05323 / 93800, fax: 05323 / 7983,
     email: pixhaier-muehle@harz.de, www.pixhaier-muehle.harz.de,
     Betten: 35, EZ: ab 51 €, DZ: ab 39 €, 0.8 km, 1 Nacht, Verpfl.:Rest

Clausthal-Zellerfeld   *Ortsteil:* **Mühlenberg**

C   Campingplatz Prahljust, An den langen Brüchen 4, 38678 Clausthal-
     Zellerfeld, fon: 05323 / 13 00, fax: 05323 / 78 393,
     email: camping@prahljust.de, www.prahljust.de, Plätze: 400, p.P.: 4,7 €,
     0.3 km, Verpfl.:Rest, EN/NL/, W-Kleid, Kleiner Einkaufsladen am Platz.

PR   Bauernhof Lindenhof, Andreasberger Str. 16, 38678 Clausthal-Zellerfeld,
     fon: 05323 / 3288, fax: 05323 / 3288, Betten: 4, DZ: ab 36 €, 1.1 km, 1 Nacht

Clausthal-Zellerfeld   *Ortsteil:* **Clausthal**

H   Hotel Friese, Burgstätter Str. 2, 38678 Clausthal-Zellerfeld,
     fon: 05323 / 93810, fax: 05323 / 938199,
     email: hotel.friese@harzpreiswert.de, www.harzpreiswert.de, Betten: 53,
     EZ: ab 41 €, DZ: ab 60 €, 2.6 km, Verpfl.:Rest, EN/FR/

H   AKZENT Hotel Goldene Krone, Am Kronenplatz 3, 38678 Clausthal-
     Zellerfeld, fon: 05323 / 93 00, fax: 05323 / 93 01 00,
     email: info@goldenekrone-harz.de, www.goldenekrone-harz.de,
     Betten: 49, EZ: ab 59 €, DZ: ab 75 €, 2.9 km, 1 Nacht, Verpfl.:Rest, Hunde
     ok, CC, EC, EN/, 7.00, Veg., Mitglied.:Dehoga, Lunch/Thermo, Res, Lokal,
     T-Raum, W-Kleid

P   Pension Barke, Am Dammgraben 12, 38678 Clausthal-Zellerfeld,
     fon: 05323 / 82 455, fax: 05323 / 82 455, www.pension.barke.harz.de,
     Betten: 8, DZ: ab 40 €, 2.2 km

P   Pension Picco-Bello, Adolph-Roemer-Str. 22, 38678 Clausthal-Zellerfeld,
     fon: 05323 / 987 009, fax: 05323 / 931 996 00, mobile: 0170-2901852,
     email: picco-bello@harz.de, www.picco-bello.harz.de, Betten: 4,
     EZ: ab 47 €, DZ: ab 67 €, 2.9 km, 1 Nacht, Verpfl.:, Hunde ok, EN/, 7.00,
     Zert.:Mountainbike- freundlich, Lunch/Thermo, Transit, Gepäck, Lokal,
     T-Raum, W-Kleid, Touren, Fahrp., Wetter

P   Pension Kühn, Robert-Koch-Str. 30 A, 38678 Clausthal-Zellerfeld,
     fon: 05323 / 5196, email: kuehn4all@gmx.de, Betten: 5, EZ: ab 18 €,
     DZ: ab 15 €, 2.9 km

PR   Haus Antkowiak, Im Wiesengrunde 20, 38678 Clausthal-Zellerfeld,
     fon: 05323 / 23 91, www.haus.antkowiak.harz.de, Betten: 2, DZ: ab 35 €,
     2.8 km, 1 Nacht

PR   Schulz Gerda, Bohlweg 29, 38678 Clausthal-Zellerfeld, fon: 05323 / 2344,
     Betten: 2, DZ: ab 32 €, 2.7 km, 1 Nacht

Clausthal-Zellerfeld   *Ortsteil:* **Zellerfeld**

H   Wolfs Hotel, Goslarsche Str. 60, 38678 Clausthal-Zellerfeld,
     fon: 05323 / 81014, fax: 05323 / 81015, email: info@wolfs-hotel.de,
     www.wolfs-hotel.de, Betten: 30, EZ: ab 60 €, DZ: ab 80 €, 3.9 km, 1 Nacht,
     Verpfl.:Rest, Hunde ok, CC, EC, EN/FR/ES/IT/NL/, 7.00, Zert.:*** Sterne,
     Geo.:N 51° 49'13" E 10°20'27", Lunch/Thermo, Lokal, Fahrp., Wetter

Altenau im Oberharz   *Ortsteil:* **Schwarzenberg**

P   Haus Schulz, An der Silberhütte 46, 38707 Altenau im Oberharz,
     fon: 05328 / 1275, fax: 05328 / 12 75, www.harztourismus.com/haus-schulz,
     Betten: 11, DZ: ab 36 €, 2.4 km, Verpfl.:Kochg

P   Pension Brüggemann, An der Silberhütte 14, 38707 Altenau im Oberharz,
     fon: 05328 / 2 85, www.pension-brueggemann.de, Betten: 16, EZ: ab 19 €,
     DZ: ab 32 €, 2.1 km

PR   Haus Regina, Grasstieg 2, 38707 Altenau im Oberharz, fon: 05328 / 260,
     fax: 05328 / 911395, email: haus.regina@harz.de,
     www.haus.regina.harz.de, Betten: 8, EZ: ab 37 €, DZ: ab 54 €, 2.2 km

Altenau im Oberharz   *Ortsteil:* **Rothenberg**

P   Parkvilla Waldhöhe, Rothenberger Str. 38, 38707 Altenau im Oberharz,
     fon: 05328 / 389, fax: 05328 / 389, email: info@parkvilla-waldhoehe.de,
     www.parkvilla-waldhoehe.de, Betten: 8, DZ: ab 20 €, 1.4 km

P   Haus Am Kurpark, Rothenberger Str. 3, 38707 Altenau im Oberharz, fon: 05328 / 290, fax: 05328 / 290, email: haus-am-kurpark@harz.de, www.haus-am-kurpark.harz.de, Betten: 13, EZ: ab 25 €, DZ: ab 17 €, 1.9 km, Zert.:***

PR   Haus Schinke, Rothenberger Str. 43, 38707 Altenau im Oberharz, fon: 05328 / 1797, Betten: 4, DZ: ab 17,5 €, 1.4 km

PR   Stolzheise W+M, Rothenberger Str. 23, 38707 Altenau im Oberharz, fon: 05328 / 447, Betten: 8, EZ: ab 17 €, DZ: ab 15 €, 1.6 km

PR   Haus am Gerlachsbach, Rothenberger Str. 18 a, 38707 Altenau im Oberharz, fon: 05328 / 6 28, fax: 05328 / 6 28, mobile: 0170-4758525, email: haus-am-gerlachsbach@harz.de, www.haus-am-gerlachsbach.harz.de, Betten: 2, DZ: ab 16,5 €, 1.6 km

Altenau im Oberharz

C   Waldcamping Polstertal, Polstertal, 38707 Altenau im Oberharz, fon: 05323 / 5582, fax: 05323 / 948258, email: info@campingplatz-polstertal.de, www.campingplatz-polstertal.de, Plätze: 16, EZ: ab 20 €, DZ: ab 20 €, p.P.: 10 €, 2 km, 1 Nacht, Verpfl.: Kochg, Hunde ok, EN/FR/NL/, Geo.:n51,79953 e10,41666, Lokal, W-Kleid, Fahrp., zwischen Cl.Zellerfeld und Altenau

GZ   Gästehaus Niedersachsen, Bergstr. 8, 38707 Altenau im Oberharz, fon: 05328 / 98010, fax: 05328 / 980143, email: glueck-auf@landhotel-alteaue.de, www.landhotel-alteaue.de, Betten: 9, EZ: ab 20 €, DZ: ab 38 €, 1.4 km, Gästehaus vom Landhotel Alte Aue

GZ   Gästehaus Ehrenberg, Oberstr. 25, 38707 Altenau im Oberharz, fon: 05328 / 1639, fax: 05328 / 1639, email: georgehrenberg@aol.com, www.pension-ehrenberg.de, Betten: 6, DZ: ab 18 €, 1.1 km

GZ   Gästehaus Nietmann, Breslauer Str. 5, 38707 Altenau im Oberharz, fon: 05328 / 1318, fax: 05328 / 911416, email: info@gaestehaeuser-nietmann.de, www.gaestehaeuser-nietmann.de, Betten: 18, EZ: ab 22 €, DZ: ab 22 €, 1.1 km, Verpfl.:

H   Landhotel Alte Aue, Marktstr. 17, 38707 Altenau im Oberharz, fon: 05328 / 98010, fax: 05328 / 980143, email: info@landhotel-alteaue.de, www.landhotel-alteaue.de, Betten: 26, EZ: ab 35 €, DZ: ab 64 €, 1.5 km, 1 Nacht, Verpfl.:Rest, -Di, Hunde ok, CC, EC, EN/, 7.00, Veg., Zert.:***, Lunch/Thermo, Transit, Gepäck, Res, Lokal, Fahrp., Wetter

H   Hotel Parkhaus, Markt 3, 38707 Altenau im Oberharz, fon: 05328 / 98000, fax: 05328 / 1804, email: hotel-cafe-parkhaus@web.de, www.hotel-parkhaus.de, Betten: 18, EZ: ab 30 €, DZ: ab 25 €, 1.4 km, Verpfl.:Rest

H   Hotel Zur Schmiede, Bergstr. 36 a, 38707 Altenau im Oberharz, fon: 05328 / 2 30, fax: 05328 / 82 41, mobile: 0151-15566772, email: info@harzhotel-zurschmiede.de, www.harzhotel-zurschmiede.de, Betten: 19, EZ: ab 38 €, DZ: ab 60 €, 1.5 km, Verpfl.:, Am Kurpark

H   Moock´s Hotel, Am Schwarzenberg 11, 38707 Altenau im Oberharz, fon: 05328 / 222, fax: 05328 / 8189, email: moocks-hotel@t-online.de, www.moocks-hotel.de, Betten: 31, EZ: ab 40 €, DZ: ab 32,5 €, 1.3 km, 1 Nacht, Verpfl.:Rest, Hunde ok, CC, EC, EN/, 7.00, Veg., Zert.:drei Sterne, Lunch/Thermo, Transit, Gepäck, Res, Lokal, T-Raum, Wetter

H   Hotel Alte Mühle, Am Mühlenberg 1, 38707 Altenau im Oberharz, fon: 05328 / 208, fax: 05328 / 8291, email: info@altemuehle-altenau.de, www.altemuehle-altenau.de, Betten: 85, EZ: ab 40 €, DZ: ab 72 €, 1.3 km, 1 Nacht, Verpfl.:Rest, Hunde ok, CC, EC, EN/, 7.00, Veg., Lunch/Thermo, Transit, Gepäck, Res, Lokal, T-Raum, W-Kleid, Touren, Fahrp.

H	Hotel Bergquell, An der Silberhütte 18, 38707 Altenau im Oberharz, fon: 05328 / 1211+911640, fax: 05328 / 911636, Betten: 39, EZ: ab 24 €, DZ: ab 44 €, 2.1 km, 1 Nacht, Verpfl.:Rest
H	Hotel Quellenhof, An der Schwefelquelle 18, 38707 Altenau im Oberharz, fon: 05328 / 911857 + 842010, fax: 05328 / 911839, email: harzquellenhof@aol.com, www.quellenhof-altenau.de, Betten: 28, EZ: ab 24 €, DZ: ab 44 €, 1.3 km, Verpfl.:Rest, Camping mögl.
JH	Jugendherberge Altenau, Auf der Rose 11, 38707 Altenau im Oberharz, fon: 05328 / 3 61, fax: 05328 / 82 76, email: jh-altenau@djh-hannover.de, www.jugenherberge.de/jh/altenau, Betten: 164, p.P.: 15,6 €, 0.6 km, Verpfl.: Rest
P	Haus Hammerschmidt, Oberstr. 22, 38707 Altenau im Oberharz, fon: 05328 / 1235, Betten: 5, EZ: ab 18 €, DZ: ab 16 €, 1.2 km
P	Pension Grüne Insel, Hüttenstr. 20a, 38707 Altenau im Oberharz, fon: 05328 / 6 96, email: marder@gmx.de, www.pension-grueneinsel.de, Betten: 5, DZ: ab 20 €, 1.8 km, 1 Nacht
P	Pension Haus Stephanie, Stettiner Str. 43, 38707 Altenau im Oberharz, fon: 05328 / 612, fax: 05328 / 9115050, email: haus.stephanie@freenet.de, www.haus-stephanie.com, Betten: 16, EZ: ab 32 €, DZ: ab 52 €, 1.3 km, 1 Nacht, Verpfl.:, Lunch/Thermo, T-Raum, W-Kleid
P	Pension Alexander, Oberstr. 23, 38707 Altenau im Oberharz, fon: 05328 / 1377, fax: 05328 / 90830, email: pension-alexander@gmx.de, www.altenau-urlaub.de/pension_haus_alexander.htm, Betten: 10, EZ: ab 22,5 €, DZ: ab 22,5 €, 1.1 km, 1 Nacht, Zert.:***
P	Haus Karin, Kleine Oker 13, 38707 Altenau im Oberharz, fon: 05328 / 542, fax: 05328 / 911454, mobile: 0162-9648875, email: karinweissrtbg@aol.com, www.haus-karin.de, Betten: 4, DZ: ab 23 €, 1 km
P	Pension Kneistler, Breite Str. 23, 38707 Altenau im Oberharz, fon: 05328 / 672, fax: 05328 / 911873, email: info@pension.kneistler.de, www.pension.kneistler.de, Betten: 7, EZ: ab 15 €, DZ: ab 15 €, 1.1 km
P	Haus Petra, Breslauer Str. 14, 38707 Altenau im Oberharz, fon: 05328 / 1444, fax: 05328 / 911895, email: haus.petra@harz.de, www.haus.petra.harz.de, Betten: 15, EZ: ab 25 €, DZ: ab 23 €, 1.2 km
P	Gästehaus Oberharzer Tannen, Auf dem Glockenberg 27, 38707 Altenau im Oberharz, fon: 05328 / 15 11, fax: 05328 / 83 88, email: graniger-altenau@onlinehome.de, www.oberharzer-tannen-gaestehaus.de, Betten: 4, DZ: ab 18 €, 1.3 km, Verpfl.:Kochg
P	Pension Machnik, Kleine Oker 9, 38707 Altenau im Oberharz, fon: 05328 / 334, fax: 05328 / 8561, mobile: 0151-11913680, email: info@haus-machnik.de, www.haus-machnik.de, Betten: 20, EZ: ab 24 €, DZ: ab 46 €, 1 km, Verpfl.:
P	Pension Am Wellenbad, Karl-Reinecke-Weg 31, 38707 Altenau im Oberharz, fon: 05328 / 981858, fax: 05328 / 981858, mobile: 0174-9436995, email: am-wellenbad@harz.de, www.am-wellenbad.harz.de, Betten: 10, DZ: ab 52 €, 0.9 km
PR	Hirschhausen Doris, Oberstr. 38, 38707 Altenau im Oberharz, fon: 05328 / 339, email: d.hirschhausen@freenet.de, Betten: 7, EZ: ab 12 €, DZ: ab 12 €, 1 km
PR	Bosse Lothar, Oberstr. 30, 38707 Altenau im Oberharz, fon: 05328 / 12 83, Betten: 4, DZ: ab 12 €, 1.1 km
PR	Haus Limburg, Breite Str. 5, 38707 Altenau im Oberharz, fon: 05328 / 90612, fax: 05328 / 90611, email: haus-limburg@t-online.de, www.altenau-limburg.de, Betten: 4, DZ: ab 20,5 €, 1.2 km

Altenau im Oberharz   *Ortsteil:* **Mühlenberg**

P   Pension Haus Blume, Schultal 10, 38707 Altenau im Oberharz,
fon: 05328 / 1001, fax: 05328 / 8183, email: info@hausblume-altenau.de,
www.hausblume-altenau.de, Betten: 7, DZ: ab 14 €, 1.2 km

WH   Harzhütte Altenau, Bürgermeister-Breyel-Weg, 38707 Altenau im
Oberharz, fon: 05328 / 8524, email: harzhuette@aol.com,
www.harzhuette-altenau.de, Betten: 4, EZ: ab 19 €, DZ: ab 19 €, 0.7 km, 1
Nacht, Verpfl.:, 7.00, Veg., Lunch/Thermo, Wetter, Tel.ab 17,00 Uhr besetzt

Altenau im Oberharz   *Ortsteil:* **Försterkopf**

H   Hotel Zum Forsthaus, Auf der Rose 17, 38707 Altenau im Oberharz,
fon: 05328 / 401, fax: 05328 / 254, email: hotel.zum.forsthaus@harz.de,
www.hotel.zum.forsthaus.harz.de, Betten: 18, EZ: ab 35,7 €, DZ: ab 30,70 €,
0.6 km, Verpfl.:Rest

P   Haus Langer, Karl-Reinecke-Weg 27, 38707 Altenau im Oberharz,
fon: 05328 / 1729, email: haus-langer@harz.de, www.haus-langer.harz.de,
Betten: 4, DZ: ab 35 €, 0.9 km

P   Haus Agricola, Karl-Reinecke-Weg 22, 38707 Altenau im Oberharz, fon: 05
328 / 1242+911497, email: haus-agricola@harz.de,
www.haus-agricola.harz.de, Betten: 5, EZ: ab 33,5 €, DZ: ab 27,5 €, 0.9 km

P   Pension Glockenberg, Glockenbergweg 9, 38707 Altenau im Oberharz,
fon: 05328 / 280 + 1563, fax: 05328 / 280, Betten: 11, DZ: ab 19 €, 0.9 km

Altenau im Oberharz   *Ortsteil:* **Kunstberg**

H   Hotel Sachsenross, Kleine Oker 46, 38707 Altenau im Oberharz,
fon: 05328 / 201, fax: 05328 / 8422, email: gert.koenig@t-online.de,
www.oberharzhotel.de, Betten: 55, EZ: ab 28 €, DZ: ab 30 €, 0.5 km,
Verpfl.:Rest, Zert.:**

H   Landhaus am Kunstberg, Bergmannsstieg 5, 38707 Altenau im Oberharz,
fon: 05328 / 255, fax: 05328 / 256, email: landhausaltenau@aol.com,
www.landhaus-am-kunstberg.de, Betten: 29, EZ: ab 25 €, DZ: ab 25 €,
Verpfl.:Rest, Lunch/Thermo, Transit, Gepäck, Res, Lokal, T-Raum, Fahrp.,
Wetter

H   Hotel Sonnenhof, Am Kunstberg 3, 38707 Altenau im Oberharz,
fon: 05328 / 9 80 90, fax: 05328 / 980 999,
email: sonnenhof@sonnenhof-altenau.de, www.sonnenhof-altenau.de,
Betten: 29, EZ: ab 26 €, DZ: ab 23 €, 0.4 km, Verpfl.:, Zert.:***

Altenau im Oberharz   *Ortsteil:* **Torfhaus**

GZ   Torfhaushütte, Torfhaus 25, 38667 Altenau im Oberharz,
fon: 05320 / 331888, fax: 05320 / 331889, mobile: 0176-21315911,
email: ewairowski@hotmail.com, www.torfhaushuette.de, Betten: 51,
p.P.: 15,5 €, 0.2 km, Verpfl.:Rest, DE/EN/, 7.00, Veg., Der Gasthof ist
bewirtet.Bitte Zimmer reservieren.

JH   Jugendherberge Torfhaus, Torfhaus Nr.3, 38667 Altenau im Oberharz,
fon: 05320 / 2 42, fax: 05320 / 2 54,
email: jh-torfhaus@djh-hannover.de, www.jugendherberge.de/jh/torfhaus,
Betten: 174, p.P.: 18,7 €, 0.1 km, Verpfl.:Rest, geschlossen: 01.-26.12.

Variante: südl. Brockenumgehung

Sankt Andreasberg   *Ortsteil:* **Oderbrück**

H   Hotel Oderbrück, Oderbrück Süd 2, an der B 4, 37444 Sankt Andreasberg,
     fon: 05582 / 656, fax: 05582 / 569, Betten: 28, DZ: ab 54 €, 1.1 km, Verpfl.:
     Rest

Sankt Andreasberg   *Ortsteil:* **Sonnenberg**

H   Hotel Sonnenberg, Sonnenberg 8, 37444 Sankt Andreasberg,
     fon: 05582 / 771, fax: 05582 / 8113, email: hotelsonnenberg@t-online.de,
     www.hotel-sonnenberg-harz.de, Betten: 41, EZ: ab 27,5 €, DZ: ab 55 €, 2.2
     km, 1 Nacht, Verpfl.:Rest

Sankt Andreasberg

C   Camping Erikabrücke, Am Oderstausee, 37444 Sankt Andreasberg,
     fon: 05582 / 1431, fax: 05582 / 92 30 56, email: camping@erikabruecke.de,
     www.erikabruecke.de, p.P.: 5,5 €, Verpfl.:Rest

H   Hotel Alfa, St.-Andreas-Weg 1, 37444 Sankt Andreasberg, fon: 05582 / 696,
     fax: 05582 / 1878, email: hotel-pension.alfa@harz.de,
     www.hotel-pension.alfa.harz.de, Betten: 23, EZ: ab 25 €, DZ: ab 52 €,
     1.3 km, 1 Nacht, Verpfl.:, Hunde ok, EN/FR/, 7.00

H   Hotel Vier Jahreszeiten, Quellenweg 3, 37444 Sankt Andreasberg,
     fon: 05582 / 521, fax: 05582 / 578, email: info@vier-jahreszeiten-harz.de,
     www.vier-jahreszeiten-harz.de, Betten: 20, EZ: ab 45 €, DZ: ab 66 €,
     1.2 km, 1 Nacht, Verpfl.:, EC, DE/EN/, Zert.:3 Sterne Komfort
     Klassifizierung DEHOGA, Geo.: 51°43'1.70«N 10°30'59.70«O, Lunch/
     Thermo, Gepäck, Res, Lokal, T-Raum, Fahrp., Wetter, Schwimmbad,
     Sauna und Solarium im Haus.

H   Landhaus Fischer, Hangweg 1, 37444 Sankt Andreasberg, fon: 05582 / 1311,
     fax: 05582 / 1375, email: landhaus-fischer@harz.de,
     www.landhaus-fischer.harz.de, Betten: 14, EZ: ab 35 €, DZ: ab 59 €,
     1.8 km, 1 Nacht, Verpfl.:, Hunde ok, EC, 7.00, Lunch/Thermo, Transit,
     Gepäck, Lokal, T-Raum, Wetter

H   Hotel Rehberg, Clausthaler Str. 4, 37444 Sankt Andreasberg,
     fon: 05582 / 1009+8373, fax: 05582 / 8640,
     email: info@rehberg-hotel.de, www.rehberg-hotel.de, Betten: 36,
     EZ: ab 28 €, DZ: ab 53 €, 0.8 km, 1 Nacht, Verpfl.:Rest, Hunde ok, CC, EC,
     7.00, Veg., Zert.:DEHOGA 3 Sterne, Lunch/Thermo, Transit, Gepäck, Res,
     Lokal, T-Raum, W-Kleid

H   Gasthof Waldfrieden, Auf der Höhe 38, 37444 Sankt Andreasberg,
     fon: 05582 / 9 16 00, fax: 05582 / 91 60 66,
     email: info@waldfrieden-harz.de, www.waldfrieden-harz.de, Betten: 26,
     EZ: ab 42 €, DZ: ab 62 €, 2.5 km, 1 Nacht, Verpfl.:Rest

H   Hotel-Bergpension Hanneli, An der Skiwiese 3, 37444 Sankt Andreasberg,
     fon: 05582 / 271, fax: 05582 / 8141, email: hotelpension-hanneli@harz.de,
     hotelpension-hanneli.harz.de, Betten: 28, EZ: ab 28 €, DZ: ab 48 €, 0.8
     km, 1 Nacht, Verpfl.:Rest, -Mi, Hunde ok, EC, EN/, geschlossen: 05.-
     22.11., 7.00, Veg., Zert.:**,Qualitätsgastgeber Wanderbares Deutschland,
     Mitglied.:Dehoga, Lunch/Thermo, Gepäck, Res, Lokal, T-Raum, W-Kleid,
     Touren, Verleih, Fahrp.

H   Hotel In der Sonne, An der Skiwiese 12, 37444 Sankt Andreasberg,
     fon: 05582 / 91800, fax: 05582 / 918020, email: indersonne@t-online.de,
     www.indersonne.de, Betten: 28, EZ: ab 37 €, DZ: ab 64 €, 0.9 km, Verpfl.:
     Rest

H	Hotel Skandinavia, An der Rolle, 37444 Sankt Andreasberg, fon: 05582 / 644, fax: 05582 / 99 99 28, email: post@hotel-skandinavia.de, www.hotel-skandinavia.harz.de, Betten: 19, EZ: ab 28 €, DZ: ab 56 €, 0.8 km, Verpfl.:Rest
H	Hotel Glockenberg, Am Glockenberg 18, 37444 Sankt Andreasberg, fon: 05582 / 219, fax: 05582 / 8132, email: hotelglockenberg@t-online.de, www.hotel-glockenberg.de, Betten: 42, EZ: ab 33 €, DZ: ab 31 €, 1.8 km, Verpfl.:Rest
H	Hotel Jagdhütte, Am Gesehr 5, 37444 Sankt Andreasberg, fon: 05582 / 668, fax: 05582 / 8668, email: jagdhuette@harz.de, www.jagdhuette.harz.de, Betten: 24, EZ: ab 30 €, DZ: ab 28 €, 0.6 km, 1 Nacht
H	Hotel Tannhäuser, Am Gesehr 1a, 37444 Sankt Andreasberg, fon: 05582 / 91880, fax: 05582 / 918850, email: tannhaeuser@t-online.de, Betten: 42, EZ: ab 30 €, DZ: ab 60 €, 0.7 km, Verpfl.:Rest
P	Pension Ursula, Joachimsthaler Weg 5, 37444 Sankt Andreasberg, fon: 05582 / 290, fax: 05582 / 765, email: pension-ursula@harz.de, www.pension-ursula.harz.de, Betten: 15, EZ: ab 36 €, DZ: ab 46 €, 1.1 km
P	Pension Neufang, Neufang 1, 37444 Sankt Andreasberg, fon: 05582 / 706, fax: 05582 / 706, email: pension.neufang@harz.de, www.pension.neufang.harz.de, Betten: 8, EZ: ab 23 €, DZ: ab 23 €, 1.5 km
P	Pension Reni, Danielstr. 15, 37444 Sankt Andreasberg, fon: 05582 / 1236, fax: 05582 / 1236, email: pension-reni@harz.de, www.pension-reni.harz.de, Betten: 6, EZ: ab 25 €, DZ: ab 44 €, 1.6 km, Zert.:**
P	Pension Haus Regina, Schwalbenherd 22, 37444 Sankt Andreasberg, fon: 05582 / 615, email: pension-regina@harz.de, www.pension-regina.harz.de, Betten: 15, EZ: ab 23 €, DZ: ab 20 €, 2.2 km, 1 Nacht
P	Pension Haus Edeltraud, Herrenstr. 6 + 8, 37444 Sankt Andreasberg, fon: 05582 / 417, fax: 05582 / 92818, email: info@hausedeltraud.de, www.hausedeltraud.de, Betten: 24, DZ: ab 36 €, 1.6 km
P	Tango Pension, Herrenstr. 19, 37444 Sankt Andreasberg, fon: 05582 / 92833, fax: 05582 / 92834, email: tangopension@t-online.de, www.tangopension.de, Betten: 14, EZ: ab 22,5 €, DZ: ab 45 €, 1.7 km
P	Pension Holloch, Glückauf Weg 21, 37444 Sankt Andreasberg, fon: 05582 / 10 05, fax: 05582 / 10 07, email: pension-holloch@harz.de, www.pension-holloch.harz.de, Betten: 14, DZ: ab 50 €, 1.2 km
P	Pension Haus am Kurpark, Am Kurpark 1, 37444 Sankt Andreasberg, fon: 05582 / 10 10, fax: 05582 / 92 30 89, email: haus.am.kurpark@harz.de, www.haus.am.kurpark.harz.de, Betten: 18, EZ: ab 25 €, DZ: ab 44 €, 1 km
PR	Weigelt Gerda, Hinterstr. 23, 37444 Sankt Andreasberg, fon: 05582 / 81 23, Betten: 3, EZ: ab 14 €, DZ: ab 28 €, 1.7 km
PR	Haus Knüppel, Glückauf-Weg 30, 37444 Sankt Andreasberg, fon: 05582 / 1318, www.haus.knueppel.harz.de, Betten: 4, DZ: ab 40 €, 1.3 km, 1 Nacht
PR	Haus Asche, Am Markt 3 / Breite Str., 37444 Sankt Andreasberg, fon: 05582 / 248, Betten: 6, DZ: ab 32 €, 1.8 km, 1 Nacht
PR	Haus Groffmann, Am Gesehr 4 a, 37444 Sankt Andreasberg, fon: 05582 / 1858, Betten: 4, DZ: ab 28 €, 0.6 km
PR	Haus Wilhelmine, Promenadenweg 2, 37444 Sankt Andreasberg, fon: 05582 / 639, mobile: 016094854833, email: pia2004koenig@freenet.de, Betten: 7, EZ: ab 15 €, DZ: ab 27 €, 1.3 km, 1 Nacht, Verpfl.:Kochg, Hunde ok, 7.00, Lunch/Thermo, Gepäck, Lokal, Fahrp.

PR FeWo An der Quelle, Quellenweg 5, 37444 Sankt Andreasberg,
    fon: 05582 / 92833, fax: 05582 / 92834, email: an-der-quelle@harz-urlaub.de,
    www.an-der-quelle.harz-urlaub.de/, EZ: ab 33,5 €, DZ: ab 28 €, 1.2 km,
    Verpfl.:Kochg, Mindestaufenthal 2 Nächte,
WH Eichsfelder Hütte, Am Gesehr 38, 37444 Sankt Andreasberg,
    fon: 05582 / 1060, fax: 05582 / 999721, email: info@eichsfelder-huette.de,
    www.eichsfelder-huette.de, Betten: 109, p.P.: 22,5 €, 0.1 km, Verpfl.:Rest,
    7.00
WH Andreashütte, Matthias-Schmidt-Berg 7, 37444 Sankt Andreasberg,
    fon: 05582 / 1713, mobile: 0171-7432615, email: schollbach@andreashuette.
    de, www.andreashuette.de, Betten: 50, p.P.: 19 €, 1.4 km, 1 Nacht, Hunde
    ok, 7.00, Veg., Lunch/Thermo, Transit, Gepäck, Res, Lokal, T-Raum,
    Fahrp., Wetter, Ü.incl.HP/werktags auch incl.VP

Braunlage

GZ Gästehaus Kleines Berghaus, von-Langen-Str. 6, 38700 Braunlage,
    fon: 05520 / 92 37 91, fax: 05520 / 92 37 92,
    email: info@kleines-berghaus.de, www.kleines-berghaus.de, Betten: 5,
    EZ: ab 26 €, DZ: ab 42 €, 0.6 km
GZ Gesund Wohnen, Hinrich-Wilhelm-Kopf-Str. 14, 38700 Braunlage,
    fon: 05520 / 8330, fax: 05520 / 8380, email: grewohl@t-online.de,
    www.4sterne-gesundwohnen.de, Betten: 7, EZ: ab 33 €, DZ: ab 58 €, 0.6 km
H   Hotel Rosenhof, Herzog-Johann-Albrecht-Str. 41, 38700 Braunlage,
    fon: 05520 / 93290, fax: 05520 / 932993,
    email: hotel@rosenhof-braunlage.de, www.rosenhof-braunlage.de,
    Betten: 28, EZ: ab 38 €, DZ: ab 60 €, 0.1 km, 1 Nacht, Verpfl.:, Hunde ok,
    EC, EN/IT/, Zert.:3 Sterne , Mitglied.:Dehoga, Lunch/Thermo, Lokal,
    T-Raum, Touren, Verleih, Fahrp.
H   Hotel Bremer Schlüssel, Robert Roloff Str. 11, 38700 Braunlage,
    fon: 05520 / 30 68, fax: 05520 / 30 67,
    email: info@bremer-schluessel-braunlage.de,
    www.bremer-schluessel-braunlage.de, Betten: 21, EZ: ab 38,5 €,
    DZ: ab 67 €, 0.8 km, Verpfl.:Rest
H   Hotel Teutonia, Ramsenweg 4, 38700 Braunlage, fon: 05520 / 99 98 91,
    fax: 05520 / 80 49 023, email: info@hotel-teutonia.de,
    www.hotel-teutonia.de, Betten: 17, EZ: ab 29.5 €, DZ: ab 59 €, 0.7 km,
    Verpfl.:Rest
H   Hotel Achtermann, Lauterberger Str. 2, 38700 Braunlage, fon: 05520 / 770,
    fax: 05520 / 3045, email: info@hotel-achtermann.de,
    www.hotel-achtermann.de, Betten: 100, EZ: ab 38 €, DZ: ab 33 €, 0.9 km,
    1 Nacht, Verpfl.:Rest
H   Hotel Hütteberg, Kleine Bergstr. 6, 38700 Braunlage, fon: 05520 / 99 91 60,
    fax: 05520 / 99 91 70, email: hotelhuetteberg@t-online.de,
    www.hotel-huetteberg.de, Betten: 40, EZ: ab 32 €, DZ: ab 44 €,
    0.3 km, Hunde ok, Ihr Besuch bei uns beinhaltet den freien Eintritt in das
    Braunlager Schwimm- und Freizeitbad !;
H   Hotel Sonnenberg-Schlößchen, Kleine Bergstr. 1, 38700 Braunlage,
    fon: 05520 / 923959 + 923756, fax: 05520 / 92 36 30, mobile: 0160-8225646,
    email: info@sonnenberg-schloesschen.de,
    www.sonnenberg-schloesschen.de, Betten: 20, EZ: ab 48 €, DZ: ab 39 €, 0.4
    km, Verpfl.:Rest
H   .relexa hotel Harz-Wald, Karl-Röhrig-Str. 5a, 38700 Braunlage,
    fon: 05520 / 80 70, fax: 05520 / 80 74 44,
    email: braunlage@relexa-hotel.de, www.relexa-hotels.de, Betten: 200,
    EZ: ab 55 €, DZ: ab 90 €, 0.1 km, Verpfl.:Rest, Hunde ok, 7.00

H   Hotel Windhagen, Hüttebergstr. 3, 38700 Braunlage, fon: 05520 / 22 53,
     fax: 05520 / 25 40, email: info@windhagen-hotel.de,
     www.windhagen-hotel.de, Betten: 28, EZ: ab 36 €, DZ: ab 32,5 €, 0.4 km,
     1 Nacht, Verpfl.:

H   Romantik Hotel Zur Tanne, Herzog-Wilhelm-Str. 8, 38700 Braunlage,
     fon: 05520 / 931 20, fax: 05520 / 931 24 44,
     email: info@tanne-braunlage.de, www.tanne-braunlage.de, Betten: 40,
     EZ: ab 52 €, DZ: ab 80 €, 0.6 km, Verpfl.:Rest

H   Harzhotel Victoria, Herzog-Wilhelm-Str. 10, 38700 Braunlage,
     fon: 05520 / 639, fax: 05520 / 630, email: info@harzhotel-victoria.de,
     www.harzhotel-victoria.de, Betten: 24, EZ: ab 35 €, DZ: ab 27,5 €, 0.6 km,
     Verpfl.:Rest

H   Hotel Recke, Elbingeröder Str. 18, 38700 Braunlage, fon: 05520 / 10 12,
     fax: 05520 / 35 23, email: info@hotel-recke.com, www.hotel-recke.de,
     Betten: 22, EZ: ab 29 €, DZ: ab 29 €, 0.5 km

H   Hotel Berliner Hof, Elbingeröder Str. 12, 38700 Braunlage, fon: 05520 / 427,
     fax: 05520 / 92 34 24, email: info@hbh-brl.de,
     www.berlinerhof-braunlage.de, Betten: 35, EZ: ab 23 €, DZ: ab 62 €, 0.4
     km, 1 Nacht, Verpfl.:Rest, -Mi, Hunde ok, EN/, geschlossen: November,
     7.00, Veg., Lunch/Thermo, Lokal, T-Raum, Fahrp., Wetter

H   Hotel-Pension Kilian, Am Schultal 6, 38700 Braunlage, fon: 05520 / 15 10,
     fax: 05520 / 81 17, email: info@hotel-kilian.de, www.hotel-kilian.de,
     Betten: 27, EZ: ab 24,5 €, DZ: ab 49 €, 0.7 km, Verpfl.:, geschlossen:
     November

H   Maritim-Berghotel, Am Pfaffenstieg, 38700 Braunlage, fon: 05520 / 80 50,
     fax: 05520 / 80 53 80, email: info.brl@maritim.de, www.maritim.de,
     Betten: 600, EZ: ab 77 €, DZ: ab 102 €, Am Weg, 1 Nacht, Verpfl.:Rest,
     Hunde ok, CC, EC, EN/NL/, 7.00, Veg., Lunch/Thermo, Transit, Gepäck,
     Res, Lokal, T-Raum, Fahrp., Wetter

H   Hotel Brauner Hirsch, Am Brunnen 1, 38700 Braunlage, fon: 05520 / 8060,
     0.5 km

H   Hotelpension Harzidyll, Bodestr. 4, 38700 Braunlage, fon: 05520 / 804668,
     fax: 05520 / 804869, email: harzidyll@harz.de, www.harzidyll.harz.de,
     Betten: 26, EZ: ab 33 €, DZ: ab 46 €, 1.1 km

H   Hotel Altes Forsthaus Braunlage, Harzburger Str. 7, 38700 Braunlage,
     fon: 05520 / 9440, fax: 05520 / 944100,
     email: info@forsthaus-braunlage.de, www.forsthaus-braunlage.de,
     Betten: 50, EZ: ab 40 €, DZ: ab 65 €, 0.3 km, 1 Nacht, Verpfl.:Rest, Hunde
     ok, CC, EC, EN/, Zert.:***DEHOGA; Qualitätsgastgeber Wanderbares
     Deutschland;»Q« Qualitätsmanagement, Lunch/Thermo, Transit, Gepäck,
     Res, Lokal, T-Raum, Touren, Fahrp.

H   Hotel Bergkranz, Lederhecke 5, 38700 Braunlage, fon: 05520 / 631,
     fax: 05520 / 3718, email: info@hotelbergkranz.de, www.hotelbergkranz.de,
     EZ: ab 30 €, DZ: ab 30 €, 1 km

H   Hotel Askania, Harzburger Str. 6, 38700 Braunlage, fon: 05520 / 804690,
     fax: 05520 / 804699, email: info@hotelaskania.de, www.hotelaskania.de,
     EZ: ab 35 €, DZ: ab 30 €, 0.3 km, Verpfl.:Rest

JH   Jugendherberge Braunlage, Von-Langen-Str. 38, 38700 Braunlage,
     fon: 05520 / 22 38, fax: 05520 / 15 69,
     email: jh-braunlage@djh-hannover.de,
     www.jugendherberge.de/jh/braunlage, Betten: 130, p.P.: 17,4 €, 0.2 km,
     Verpfl.:Rest, geschlossen: 12.11.-04.12. + 24.-26.12.

P   Pension Haus Olinda, Dr.Vogeler-Str. 22, 38700 Braunlage,
     fon: 05520 / 470, fax: 05520 / 8371, Betten: 8, EZ: ab 30 €, DZ: ab 40 €,
     0.2 km, 1 Nacht, 7.00, Veg., Fahrp., Wetter

P   Pension Wappenhof, Ramsenweg 3, 38700 Braunlage, fon: 05520 / 1001,
fax: 05520 / 923923, email: info@wappenhof.de, www.wappenhof.de,
Betten: 13, EZ: ab 28 €, DZ: ab 25 €, 0.7 km, Hunde ok, EN/FR/, 7.00,
Lunch/Thermo, Transit, Gepäck, Lokal, W-Kleid, Fahrp., Massagen auf
Anfrage möglich.; Spielzimmer mit Großbildleinwand und Spielekonsolen;
Rangervorträge möglich nach Terminabsprache

P   Pension Schönberg, Am Jermerstein 3, 38700 Braunlage, fon: 05520 / 2965,
fax: 05520 / 999631, email: info@pension-schoenberg.de,
www.pension-schoenberg.de, Betten: 49, EZ: ab 35 €, DZ: ab 55 €, 0.1 km,
Verpfl.:Rest, Hallenbad/Sauna im Haus (kostenlos)

Elend

H   Hotel Waldmühle, Braunlager Str. 15, 38875 Elend, fon: 039455 / 51 222,
fax: 039455 / 58 832, email: hotel.waldmuehle@t-online.de,
www.harz-hotel-waldmuehle.de, Betten: 40, EZ: ab 25 €, DZ: ab 23 €,
0.4 km, 1 Nacht, Verpfl.:Rest, Hunde ok

P   Pension Harzhaus, Heinrich-Heine-Weg 1, 38875 Elend, fon: 039455 / 3 86,
fax: 039455 / 3 86, Betten: 15, EZ: ab 25 €, DZ: ab 25 €, 0.4 km

P   Pension Bodetal, Hauptstr. 28, 38875 Elend, fon: 039455 / 3 81,
fax: 039455 / 3 81, mobile: 0173 -8932629,
email: pensionbodetal@web.de, www.pension-odetal.de, Betten: 19,
EZ: ab 20 €, DZ: ab 40 €, 0.1 km, 1 Nacht, Verpfl.:Rest, Hunde ok, EN/,
7.00, Lunch/Thermo, Lokal, T-Raum, W-Kleid, Touren, Fahrp., Wetter

P   Pension Haus Füllgrabe, Braunlager Str. 10, 38875 Elend,
fon: 039455 / 2 44, fax: 039455 / 81480,
email: e.fuellgrabe@pension-fuellgrabe.de, www.pension-fuellgrabe.de,
Betten: 14, DZ: ab 44 €, 0.2 km

PR   Haus Sonneneck, Hauptstr. 9, 38875 Elend, fon: 039455 / 51 176, Betten: 6,
DZ: ab 35 €, 0.2 km

Elend   *Ortsteil:* **Mandelholz**

H   Hotel Grüne Tanne, Mandelholz 1, 38875 Elend, fon: 039454 / 460,
fax: 039454 / 46 155, email: hotel_gruene_tanne@t-online.de,
www.mandelholz.de, Betten: 42, EZ: ab 45 €, DZ: ab 75 €, 0.1 km, Verpfl.:
Rest, -Mo, geschlossen: 15.-30.11.

Variante: über den Broken

Schierke

C   Harz Camping am Schierker Stern, Hagenstr., 38879 Schierke,
fon: 039455 / 58 871, fax: 039455 / 58 818, mobile: 0173-3701270,
email: info@harz-camping.com, www.harz-camping.com, Plätze: 60,
p.P.: 3,6 €, 1 km, Verpfl.:, W-Kleid

H   Brockenhotel-Brockenherberge, Brockenplateau, 38879 Schierke,
fon: 039455 / 120, fax: 039455 / 12100, email: info@brockenhotel.de,
www.brockenhotel.de, Betten: 36, EZ: ab 69 €, DZ: ab 55 €, 0.1 km, Verpfl.:
Rest

H   Hotel König, Kirchberg 15, 38879 Schierke, fon: 039455 / 383+51056,
fax: 039455 / 51057, email: info@harz-hotel-koenig.de,
www.harz-hotel-koenig.de, Betten: 60, EZ: ab 32,5 €, DZ: ab 50 €, 1.1 km,
Verpfl.:Rest, Zert.:***

H   Hotel Waldschlösschen Schierke, Hermann-Löns-Weg 1, 38879 Schierke,
fon: 039455 / 8670, fax: 039455 / 86777,
email: hotel@waldschloesschen-schierke.de,
www.waldschloesschen-schierke.de, Betten: 52, EZ: ab 55 €,
DZ: ab 43,25 €, 1.4 km, 1 Nacht, Verpfl.:Rest

H   Hotel Villa Fichtenhof, Hagenstr. 3, 38879 Schierke, fon: 039455 / 8 88 88,
fax: 039455 / 8 88 44, email: hotel.fichtenhof@t-online.de,
www.villa-fichtenhof.de, Betten: 25, EZ: ab 40 €, DZ: ab 33 €, 1.2 km,
Verpfl.:Rest

H   Hotel Brockenscheideck, Brockenstr. 49, 38879 Schierke,
fon: 039455 / 268+51037, fax: 039455 / 51036,
email: info@hotel-brockenscheideck.de, www.harz-hotel-
brockenscheideck.de, Betten: 32, EZ: ab 50 €, DZ: ab 35 €, 1.3 km, Verpfl.:
Rest

H   Hotel Brockenstübchen, Brockenstr. 39, 38879 Schierke, fon: 039455 / 252,
fax: 039455 / 51098, email: brockenstuebchen@t-online.de,
www.brockenstuebchen.de, Betten: 16, EZ: ab 42,5 €, DZ: ab 32,5 €,
1.4 km, 1 Nacht, Verpfl.:Rest, -Mo

H   Gasthof Zum Stadel, Brockenstr. 26, 38879 Schierke, fon: 039455 / 3670,
fax: 039455 / 36777, email: stadel@gasthof-stadel.de,
www.gasthof-stadel.de, Betten: 20, EZ: ab 42 €, DZ: ab 62 €, 1.4 km,
Verpfl.:Rest

H   Hotel Bodeblick, Barenberg 1, 38879 Schierke, fon: 039455 / 359 + 51038,
fax: 039455 / 51039, email: info@hotel-bodeblick.de,
www.hotel-bodeblick.de, Betten: 25, EZ: ab 45 €, DZ: ab 35 €, 1.2 km,
Verpfl.:Rest, Hunde ok, CC, EC, EN/, Lunch/Thermo, Gepäck, Res, Lokal,
Touren, Fahrp.

H   Brockenblick Ferienpark, Alte Wernigeröder Str. 1, 38879 Schierke,
fon: 039455 / 5750, fax: 039455 / 575 99,
email: info@brockenblick-ferienpark.de, www.brockenblick-ferienpark.de,
Betten: 180, EZ: ab 40 €, DZ: ab 55 €, 1.1 km, Verpfl.:Rest, Hunde ok, EC,
EN/, Veg., Zert.:Dehoga***S; Qualitäts-Wander-Gastgeber, Lunch/Thermo,
Transit, Res, Lokal, W-Kleid, Touren, Fahrp.

JH   Jugendherberge Schierke, Brockenstr. 48, 38879 Schierke,
fon: 039455 / 51066, fax: 039455 / 51067,
email: jh-schierke@djh-sachsen-anhalt.de,
www.jugendherberge.de/jh/schierke, Betten: 282, p.P.: 16,5 €, 1.3 km,
Verpfl.:Rest, geschlossen: 24.-26.12.

P   Haus Rehlein, Alte Wernigeröder Str. 6b, 38879 Schierke,
fon: 039455 / 243, fax: 039455 / 58722, email: hausrehlein@web.de,
www.hausrehlein.de, Betten: 6, EZ: ab 16 €, DZ: ab 28 €, 1.2 km, 1 Nacht,
Verpfl.:, EN/, 7.00, Geo.:51°45'37.27''N;10°40'30.35''E, Lunch/Thermo,
Gepäck, Lokal, W-Kleid, Fahrp., Wetter, Unterkunft mit Frühstück

P   Pension Andrä, Brockenstr. 12, 38879 Schierke, fon: 039455 / 51257,
fax: 039455 / 454, email: pension@pension-andrae.de,
www.pension-andrae.de, Betten: 20, EZ: ab 45 €, DZ: ab 68 €, 1.3 km,
1 Nacht, Verpfl.:Rest

P   Pension Barbara, Brockenstr. 1, 38879 Schierke, fon: 039455 / 86 90,
fax: 039455 / 8 69 16, email: pensionbarbara@t-online.de,
www.harz-pension-barbara.de, Betten: 28, EZ: ab 38 €, DZ: ab 23 €,
1.4 km, 1 Nacht

P   Pension Haus Barenberg, Barenberg 7, 38879 Schierke, fon: 039455 / 217,
fax: 039455 / 58890, email: haus-barenberg@harz.de,
www.haus-barenberg.harz.de, Betten: 33, EZ: ab 40 €, DZ: ab 55 €, 1.3 km,
Verpfl.:Rest

PR   Haus Jägerhof, Hermann-Löns-Weg 7 a, 38879 Schierke,
fon: 039455 / 51377, fax: 039455 / 58853, Betten: 4, DZ: ab 31 €, 1.4 km,
FnV

PR   Hebecker Fam., Brockenstr. 24 a, 38879 Schierke, fon: 039455 / 5 14 78,
email: brockenteufel@gmx.de, Betten: 8, EZ: ab 20 €, DZ: ab 37 €, 1.4 km,
Hunde ok, 7.00, Res, Lokal

PR   Gewiese Christel, Bodeweg 2, 38879 Schierke, fon: 039455 / 303, Betten: 2,
DZ: ab 30 €, 1.5 km, ÜoF

PR   Hoff Ingeborg, Alte Wernigeröder Str. 6, 38879 Schierke, fon: 039455 / 212,
fax: 039455 / 58095, Betten: 4, DZ: ab 31 €, 1.1 km, ÜoF

PR   Haus Walburga, Alte-Wernigeröder-Str. 4, 38879 Schierke,
fon: 039455 / 5 11 00, fax: 039455 / 5 11 00, email: info@haus-walpurga.de,
www.haus-walpurga.de, Betten: 4, EZ: ab 17,5 €, DZ: ab 17,5 €, 1.1 km

PR   Haus Herta, Alte Wernigeröder Str. 2 a, 38879 Schierke,
fon: 039455 / 51210, Betten: 2, DZ: ab 30 €, 1.1 km, 1 Nacht, FnV

Schierke   *Ortsteil:* **Drei Annen-Hohne**

H   Hotel Drei Annen, Drei Annen Hohne 110, 38875 Schierke,
fon: 039455 / 5700, fax: 039455 / 57099, email: hotel@drei-annen.de,
www.drei-annen.de, Betten: 133, EZ: ab 50 €, DZ: ab 40 €, Am Weg,
1 Nacht, Verpfl.:Rest

H   Hotel Der Kräuterhof, Drei Annen Hohne 104, 38875 Schierke,
fon: 039455 / 840, fax: 039455 / 84199,
email: hotel-kraeuterhof@t-online.de, www.hotel-kraeuterhof.de,
Betten: 73, EZ: ab 52 €, DZ: ab 82 €, Am Weg, Verpfl.:Rest, Zert.:***

Elbingerode   *Ortsteil:* **Königshütte**

H   Hotel Am Felsen, Ackertklippe 1, 38875 Elbingerode, fon: 039454 / 43163,
fax: 039454 / 43 304, mobile: 0170-4366062,
email: rezeption@am-felsen.de, www.am-felsen.de, Betten: 20, EZ: ab 35 €,
DZ: ab 48 €, Am Weg, 1 Nacht, Verpfl.:Rest, -Do, Hunde ok, EC, 7.00,
Mitglied.:DEHOGA, Lunch/Thermo, Gepäck, Res, Lokal, Fahrp.

P   Pension Harzbaude, Hasselfelder Str. 5, 38889 Elbingerode,
fon: 039454 / 43505, fax: 039454 / 48381, mobile: 0175-5487155,
email: harzbaude@aol.com, Betten: 12, EZ: ab 20 €, DZ: ab 36 €, 0.2 km,
1 Nacht, 7.00, Lunch/Thermo, Transit, Gepäck, T-Raum, Fahrp.

P   Pension Königshof, Friedensstr. 22, 38875 Elbingerode,
fon: 039454 / 52146, fax: 039454 / 52 148, mobile: 0170-4366062,
email: rezeption@pension-koenigshof.de, www.am-felsen.de, Betten: 19,
EZ: ab 32 €, DZ: ab 48 €, Am Weg, 1 Nacht, Verpfl.:Rest, Hunde ok, EC,
7.00, Lunch/Thermo, Gepäck, Res, Fahrradverleih

Variante: Rübland - Neuwerk

Elbingerode   *Ortsteil:* **Rübeland**

P   Eis-Cafe Nr. 1, Blankenburger Str. 27, 38889 Elbingerode,
fon: 039454 / 4 92 52, fax: 039454 / 48 90 20, mobile: 0175 -5119037,
email: info@numero-1.de, www.numero-1.de, Betten: 10, EZ: ab 30 €,
DZ: ab 20 €, 0.2 km, 1 Nacht, Verpfl.:, EN/, 7.00, Lunch/Thermo, Transit,
Gepäck, Res, Fahrp., Extras nach Absprache möglich

P   Pension Bodetal, Blankenburger Str. 39, 38889 Elbingerode,
fon: 039454 / 40170, fax: 039454 / 40173, Betten: 20, EZ: ab 25 €,
DZ: ab 25 €, 0.6 km, Verpfl.:Rest

Elbingerode   *Ortsteil:* **Neuwerk**

GZ   Gaststätte Haus Bodeblick, Ortsstr. 1b, 38889 Elbingerode,
     fon: 039454 / 48686, fax: 039454 / 48825,
     email: haus-bodeblick@t-online.de, www.haus-bodeblick.de, Betten: 22,
     EZ: ab 35 €, DZ: ab 51 €, Am Weg, 1 Nacht, Verpfl.:Rest, -Mo, Hunde ok,
     EN/, 7.00, Veg., Lunch/Thermo, Transit, Gepäck, Res, Lokal, T-Raum,
     W-Kleid, Fahrp., OT:Rübeland-Neuwerk; incl.Frühst.

Altenbrak   *Ortsteil:* **Wendefurth**

P   Pension Haus Wilde, Rolandseck 3, 38889 Altenbrak, fon: 039456 / 3 69,
     fax: 039456 / 567 10, email: wilde-altenbrak@t-online.de, Betten: 4,
     EZ: ab 26 €, DZ: ab 32 €, 0.1 km, 1 Nacht, Verpfl.:, Hunde ok, DE/,
     geschlossen: November, 7.00, Fahrp.

Variante: über Hasselfelde

Hasselfelde   *Ortsteil:* **Rotacker**

H   Hotel Rebentisch, Rotacker 4, 38899 Hasselfelde, fon: 039459 / 71 320,
     fax: 039459 / 70 382, email: hotelpensionrebentisch@t-online.de,
     Betten: 26, EZ: ab 25 €, DZ: ab 25 €, 2 km, 1 Nacht, Verpfl.:Rest

H   Hotel Waldkrone, Am Waldseebad 2, 38899 Hasselfelde,
     fon: 039459 / 71 458, fax: 039459 / 71 258,
     email: jurk.mueller@t-online.de, www.waldkrone.hasselfelde.de,
     Betten: 13, EZ: ab 39 €, DZ: ab 31 €, 1.5 km, Verpfl.:Rest

P   Gockes Pension, Am Waldseebad 5, 38899 Hasselfelde, fon: 039459 / 71491,
     fax: 039459 / 71491, mobile: 0173-2458895, email: info@pension-gocke.de,
     Betten: 12, EZ: ab 30 €, DZ: ab 40 €, 1.6 km, 1 Nacht, Verpfl.:Rest, Hunde
     ok, geschlossen: November, 7.00, Lunch/Thermo, Gepäck, Lokal, Fahrp.,
     inkl. Waldseebad Benutzung, FnV

Hasselfelde

H   Hotel Hagenmühle, Hagenstr. 6, 38899 Hasselfelde, fon: 039459 / 70050,
     fax: 039459 / 70054, email: info@hotel-hagenmuehle.de,
     www.hotel-hagenmuehle.de, Betten: 29, EZ: ab 38 €, DZ: ab 63 €, Am Weg,
     1 Nacht, Verpfl.:Rest, Hunde ok, EC, EN/, 7.00, Veg., Geo.:Länge 10.50.34.
     Breite 51.41.47, Lunch/Thermo, Transit, Gepäck, Res, Lokal, T-Raum,
     Fahrp.

H   Hotel Zur Krone, Breite Str. 22, 38899 Hasselfelde, fon: 039459 / 73980,
     fax: 039459 / 739855, email: hotel@krone-harz.de, www.krone-harz.de,
     Betten: 33, EZ: ab 39 €, DZ: ab 65 €, Am Weg, Verpfl.:Rest

P   Gaststätte Alte Straßenmeisterei, Stieger Str. 18, 38899 Hasselfelde,
     fon: 039459 / 70444, fax: 039459 / 73701, email: pension-alte.
     strassenmeisterei@t-online.de, www.alte-strassenmeisterei.de, Betten: 16,
     EZ: ab 41 €, DZ: ab 31 €, 1 km, Verpfl.:Rest

PR   Wenzel Jutta, Salzmarktstr. 5, 38899 Hasselfelde, fon: 039459 / 71 369,
     fax: 039459 / 71 100, email: schuppel1@freenet.de, Betten: 2, EZ: ab 15 €,
     DZ: ab 10 €, 0.1 km, 7.00, Lokal, Fahrp., Wetter, Frühstück möglich

PR   Herfurth Agnes, Salzmarktstr. 20, 38899 Hasselfelde, fon: 039459 / 71544,
     Betten: 5, DZ: ab 30 €, 0.1 km, Verpfl.:Kochg, ÜoF

PR   Koschitzke Kurt, Neue Str. 8, 38899 Hasselfelde, fon: 039459 / 72818,
     Betten: 2, DZ: ab 24 €, 0.4 km, Verpfl.:Kochg, geschlossen: Nov-April, ÜoF

PR   Esche Rainer, Neue Str. 16, 38899 Hasselfelde, fon: 039459 / 72829,
     Betten: 2, DZ: ab 40 €, 0.2 km, 1 Nacht, Verpfl.:Kochg, ÜoF

PR Müller Ingrid, Moorbruch 17, 38899 Hasselfelde, fon: 039459 / 71193,
    Betten: 5, EZ: ab 21 €, DZ: ab 21 €, 0.2 km

PR Fessel Michael, Moorbruch 1, 38899 Hasselfelde, fon: 039459 / 72127,
    mobile: 0173-8346781, Betten: 2, DZ: ab 16,5 €, 0.2 km, Verpfl.:Kochg, FnV

PR Wenzel Karl-Heinz, Kittelstr. 5, 38899 Hasselfelde, fon: 039459 / 72 296,
    Betten: 4, DZ: ab 24 €, 0.1 km, Preis ÜoF

PR Müller Karin, Grabenstr. 9, 38899 Hasselfelde, fon: 039459 / 71 563,
    fax: 039459 / 73 773, Betten: 5, EZ: ab 13 €, DZ: ab 13 €, 0.1 km, 1 Nacht,
    Verpfl.:Kochg, ÜoF

Altenbrak

GZ Gasthaus Zum Harzer Jodlermeister, Sankt Ritter 26a, 38889 Altenbrak,
    fon: 039456 / 56 80, fax: 039456 / 56 850,
    email: info@zum-harzer-jodlermeister.de,
    www.zum-harzer-jodlermeister.de, Betten: 85, EZ: ab 45 €, DZ: ab 65 €,
    0.1 km, 1 Nacht, Verpfl.:Rest, Hunde ok, CC, EC, EN/, Veg., Mitglied.:
    Familiengeführte Hotels, Lunch/Thermo, Transit, Gepäck, Res, Lokal,
    Fahrp., Harzer Bergsauna im finnischen Blockhaus,90 Grad Sauna, Soft-
    Damfbad, Whirlpool, Saunaterasse, Kaminzimmer, Massage, Kosmetik,
    Fit&FUN Programme, thematische Saunanächte

GZ Gasthaus Haus Bergeshöh, Hohlweg 3, 38889 Altenbrak,
    fon: 039456 / 56 690, fax: 039456 / 566 950, Betten: 29, EZ: ab 39 €,
    DZ: ab 59 €, 0.1 km

H   Hotel Jagdschloß Windenhütte, Schlossweg 1, 38889 Altenbrak,
    fon: 039456 / 233, fax: 039456 / 285,
    email: kontakt@hotel-jagdschloss-windenhuette.de,
    www.hotel-jagdschloss-windenhuette.de, Betten: 19, EZ: ab 30 €,
    DZ: ab 30 €, 5 km, 1 Nacht, Verpfl.:Rest

H   Hotel Weißes Roß, Sankt Ritter 19, 38889 Altenbrak, fon: 039456 / 3 30,
    fax: 039456 / 3 30, email: weissesross.altenbrak@t-online.de, Betten: 20,
    EZ: ab 26 €, DZ: ab 26 €, 0.1 km, Verpfl.:Rest

P   Pension Haus Rodenstein, Unterdorf 6, 38889 Altenbrak, fon: 039456 / 295,
    fax: 039456 / 295, Betten: 18, EZ: ab 22 €, DZ: ab 24 €, 0.1 km, 1 Nacht,
    Hunde ok

P   Pension Harz Residenz, Rolandseck 66, 38889 Altenbrak,
    fon: 039456 / 2 64, fax: 039456 / 410 08, email: harzresidenz@gmx.de,
    www.harzresidenz.de, Betten: 26, EZ: ab 28,5 €, DZ: ab 40 €, Am Weg,
    1 Nacht, Verpfl.:, Hunde ok, EN/, 7.00, Veg., Mitglied.:Harzklub,
    Geo.:400 m Höhe, Lunch/Thermo, Transit, Res, Lokal, T-Raum, Verleih,
    Fahrp., FeWo ab €46

P   Café Theodor Fontane, Forstweg 3, 38889 Altenbrak, fon: 039456 / 3 36,
    fax: 039456 / 3 36, Betten: 12, EZ: ab 41 €, DZ: ab 32 €, 0.2 km

PR Haus Bergfried, Rolandseck 8, 38889 Altenbrak, fon: 039456 / 2 46,
    Betten: 4, DZ: ab 18 €, 0.2 km

Treseburg

GZ Haus Krabbes, Spohnbleek 4-6, 38889 Treseburg, fon: 039456 / 292 + 371,
    fax: 039456 / 41003, email: krabbes.fewo@gmx.de,
    www.krabbes-treseburg.de, Betten: 8, EZ: ab 32,5 €, DZ: ab 54 €, Am Weg,
    1 Nacht

H   Hotel Forelle, Ortsstr.28, 38889 Treseburg, fon: 039456 / 5640,
    fax: 039456 / 56444, email: info@hotel-forelle.de, www.forelle-reisen.de,
    Betten: 60, EZ: ab 55 €, DZ: ab 80 €, 0.1 km, Verpfl.:Rest, Zert.:****,
    Transit

H	Hotel Zur Luppbode, Ortsstr. 26, 38889 Treseburg, fon: 039456 / 56 751, fax: 039456 / 56 99 99, mobile: 0170-8920624, email: hotelzurluppbode@t-online.de, www.hotel-zur-luppbode.de, Betten: 43, EZ: ab 35 €, DZ: ab 30 €, 0.1 km, 1 Nacht, Verpfl.:Rest, Hunde ok, EC, EN/, Zert.:***, Lunch/Thermo, Transit, Gepäck, Res, Wetter, Halbpension 11,90
H	Hotel Bodeblick, An der Halde 1, 38889 Treseburg, fon: 039456 / 5610, fax: 039456 / 56194, email: hotel.bodeblick.treseburg@t-onlinbe.de, www.hotel-bodeblick-treseburg.de, Betten: 27, EZ: ab 45 €, DZ: ab 65 €, Am Weg, Verpfl.:Rest
P	Pension Haus Nr. 31, Ortsstr. 31, 38889 Treseburg, fon: 039456 / 41316 + 41200, Betten: 18, EZ: ab 16 €, DZ: ab 16 €, Am Weg, Verpfl.:Kochg, ÜoF
P	Café Waldesruh, An der Halde 6, 38889 Treseburg, fon: 039456 / 41222, fax: 039456 / 41222, email: waldesruh6@aol.com, Betten: 8, EZ: ab 19 €, DZ: ab 19 €, Am Weg, 1 Nacht
P	Bergcafé M.Mendorf, Ortsstr. 27, 38889 Treseburg, fon: 039456 / 275, fax: 039456 / 56768, email: bergcafe_mendorf@gmx.de, Betten: 8, DZ: ab 26 €, 0.1 km, Verpfl.:Rest
P	Pension Felseneck, Halde 3, 38889 Treseburg, fon: 039456 / 268 + 41980, fax: 039456 / 41980, email: felseneck@arcor.de, www.treseburg-ferienwohnungen.de, Betten: 40, EZ: ab 19 €, DZ: ab 19 €, Am Weg
P	Pension Wildstein, Ortsstr. 2, 38889 Treseburg, fon: 039456 / 560 80, fax: 039456 / 560 81, mobile: 0160-1906282, email: die-wildsteins@web.de, Betten: 10, EZ: ab 18 €, DZ: ab 18 €, Am Weg, 1 Nacht, Hunde ok, 7.00, Lunch/Thermo, Transit, Gepäck, Res, Lokal, Fahrp., Kinderfreundlich
PR	Röppnack Fam., Ortsstr. 3, 38889 Treseburg, fon: 039456 / 279, Betten: 4, DZ: ab 15 €, Am Weg, 1 Nacht

Thale

GZ	Gaststätte Hexentreff, Rudolf-Breitscheid-Str. 24, 06502 Thale, fon: 03947 / 941480, fax: 03947 / 941479, mobile: 0173-1309459, Betten: 4, DZ: ab 50 €, 0.5 km, 1 Nacht, Hunde ok, 7.00, Veg., Lunch/Thermo, Transit, Gepäck, W-Kleid, Fahrp.
GZ	Hoffmann's Gästehaus, Musestieg 4, 06502 Thale, fon: 03947 / 41 040, fax: 03947 / 410 425, email: info@hoffmanns-gaestehaus.de, www.hoffmanns-gaestehaus.de, Betten: 21, EZ: ab 49 €, DZ: ab 69 €, 1.6 km, CC, EC
GZ	Gaststätte Thaler Hof, Karlstraße 1, 06502 Thale, fon: 039 47 / 77 85 99, Betten: 9, EZ: ab 17,5 €, DZ: ab 35 €, 1.4 km, Frühstück 5,00 p.P. extra
H	Hotel Zur alten Backstube, Rudolf-Breitscheid-Str. 15, 06502 Thale, fon: 03947 / 772 490, fax: 03947 / 772 499, email: backstuben@t-online.de, www.hotel-thale.de, Betten: 13, EZ: ab 42 €, DZ: ab 68 €, 0.4 km, Verpfl.: Rest, -Di, Hunde ok, EC, EN/ES/, 7.00, Veg., Lunch/Thermo, Res, Lokal, Fahrp.
H	Hotel Haus Sonneneck, Heimburgstr. 1a, 06502 Thale, fon: 0 / 03947-49610 + 039485-63759, fax: 0 / 03947-49623, mobile: 0171-3170471, email: haus-sonneneck-thale@t-online.de, www.haus-sonneneck-thale.de, Betten: 16, EZ: ab 35 €, DZ: ab 27,5 €, 0.1 km
H	Berghotel Hexentanzplatz, Hexentanzplatz 1, 06502 Thale, fon: 03947 / 4730, fax: 03947 / 47338, email: info@berghotel-hexentanzplatz.de, www.berghotel-hexentanzplatz.de, Betten: 29, EZ: ab 45 €, DZ: ab 75 €, 0.3 km, Verpfl.:Rest, 7.00

H	Ferienpark Bodetal, Hubertusstr. 9-11, 06502 Thale, fon: 039 47 / 7 76 60, fax: 039 47 / 77 66 99, email: info@ferienpark-bodetal.de, www.ferienpark-bodetal.de, Betten: 12, DZ: ab 65 €, Am Weg, Frühstück 9,50 p.P. extra
P	Pension Forsthaus Georgshöhe, Gerorgshöhe 2, 06502 Thale, fon: 03947 / 2838, fax: 03947 / 2738, email: info@forsthaus-georgshoehe.de, www.forsthaus-georgshoehe.de, Betten: 26, EZ: ab 36 €, DZ: ab 65 €, 2 km, Verpfl.:, Hunde ok
P	Pension Kleiner Ritter, Markt 2, 06502 Thale, fon: 039 47 / 25 70, Betten: 11, EZ: ab 25 €, DZ: ab 40 €, 1.8 km
P	Villa Alice, Walpurgisstraße 26, 06502 Thale, fon: 039 47 / 40 06 40, fax: 039 47 / 4 00 64 22, email: pension-villa-alice@web.de, www.pension-villa-alice.de, Betten: 17, EZ: ab 35 €, DZ: ab 50 €, 0.7 km
P	Pension Am Steinbach, Poststraße 9, 06502 Thale, fon: 039 47 / 7 78 58 81, fax: 039 47 / 7 78 58 81, email: pension.steinbach@t-online.de, www.pension-steinbach-thale.homepage.t-online.de, Betten: 12, EZ: ab 36 €, DZ: ab 52 €, 0.2 km
PR	Bartnik Frau, Wotansblick 10, 06502 Thale, fon: 03947 / 62 455, Betten: 2, DZ: ab 36 €, 1.1 km

Thale *Ortsteil:* **Bodetal**

GZ	Gasthaus Königsruh, Hirschgrund 1, 06502 Thale, fon: 03947 / 2726, fax: 03947 / 91731, email: koenigsruhe@t-online.de, www.koenigsruhe.de, Betten: 30, EZ: ab 22 €, DZ: ab 22 €, 0.1 km, Verpfl.:Rest
GZ	Gaststätte Kleiner Waldkater, Eingang Bodetal, 06502 Thale, fon: 03947 / 2826, fax: 03947 / 2826, email: info@kleiner-waldkater.de, www.kleiner-waldkater.de, Betten: 18, EZ: ab 36 €, DZ: ab 56 €, 0.1 km, 1 Nacht, Verpfl.:Rest, Hunde ok, EC, 7.00, Veg., Mitglied.:Dehoga
JH	Jugendherberge Thale, Waldkater - Bodetal, 06502 Thale, fon: 03947 / 28 81, fax: 03947 / 91 653, email: jh-thale@djh-sachsen-anhalt.de, www.jugendherberge.de/jh/thale, Betten: 204, p.P.: 15 €, Verpfl.:Rest, geschlossen: 24.-26.12.

fernwege.de im Internet

Auf der Webseite ***www.fernwege.de*** finden Sie weitere
Informationen rund um das Thema Wandern:

- Viele Fotos zu Fernwanderwegen
- In den Nachrichtenbrettern zu den Wegen (Foren) finden Sie Kommentare von anderen Wanderern und aktuelle Infos zu den Wegen.
- Finden Sie im Forum »Wanderpartner/in gesucht« einen Partner, eine Partnerin, die mitwandert.
- In den Hitlisten, finden Sie eine Wertung zu den einzelnen Etappen des Fernwanderweges.
- Großer Katalog von Landkarten mit Wanderwegen
- Infos und Katalog von digitalen Landkarten in Europa.
- Einer der größten Kataloge mit Angeboten zu organisierten Wanderreisen in Europa.
- GPS/Tourenarchiv
- Wandern Sie mit der WanderCam und den Diashows virtuell über einen Fernwanderweg.
- Ihr Fußabdruck im Internet
- Reisepartner finden für organisierte Wanderreisen